सामी

जादूई खिलौना भालू

श्रृंखला की दूसरी पुस्तक

सामी

जादूई खिलौना भालू

डराना-धमकाना अब और नहीं !

धारणा, लेखन और चित्र : म्यूरीएल बूरदों

पंजीकरण संख्या 1117377 - इंटेलेक्चुअल प्रॉपर्टी ऑफिस ऑफ़ कनाडा
हिंदी में अनुवाद : रिदा कुमार धवन

ISBN 978-2-924526-17-0

थॉमस एक बहुत ही अच्छा, मददगार और बुद्धिमान बच्चा है। पर वो बहुत शर्मीला और सहमा हुआ रहता है।

स्कूल में कुछ बच्चे उसका मज़ाक उड़ाते हैं और उसे अलग अलग नामों से बुलाते हैं। इसलिए वो अक्सर अकेला रहता है और उसका कोई दोस्त नहीं है।

वो हमेशा ही बली का बकरा बन जाता है और ये उसके लिए एक बहुत बड़ी समस्या है।

आज थॉमस का जन्मदिन है: वो आज नौ साल का हो गया है। पर उसकी क्लास में ये बात किसी को नहीं पता, सिवाय उसकी टीचर फ्लोरौंस के, जिन्हें अपने इस छात्र पर बहुत गर्व है जो हमेशा फ्रेंच और गणित में अवल आता है।

वो चुप-चाप उसके पास आई और धीरे से उसके कान में कहा: "जन्म दिन मुबारक प्यारे बच्चे !"

थॉमस धीरे से मुस्कुराया। भले ही आज उसका जन्म दिन है, उसे क्लास के बाद का समय, लंच ब्रेक और ख़ास तौर से घर आने के समय से बहुत डर लगता है।

जन्मदिन तो ऐसा दिन है जब हम मज़े करने के बारे में, केक के बारे में और उपहारों के बारे में सोचते हैं...

पर ये सब थॉमस के लिए नहीं है ।

घर वापस आते हुए, उसे क्लास के कुछ बदमाश बच्चे दिखे और वो डर से काम्पने लगा ।

"ये हमेंशा की तरह मुझे परेशान करेंगे !!!" थॉमस ने खुद से कहा ।

उस झुण्ड के सरदार और बॉस्केटबॉल टीम के कप्तान विक्टर ने उसका रास्ता रोका।

उस बड़बोले ने ऊँची आवाज़ में, थॉमस के बारे में बोला: "ये रहा नन्हा पढ़ाकू, मैडम फ्लोरौंस का पिट्ठू !"

फिर उसकी टोपी उतारकर बोला: "अरे गोरे लड़के, तेरी नई टोपी तो बहुत सुन्दर है। इसे मैं ही रख लेता हूँ !"

दूसरे बच्चे ज़ोर से हसने लगे जिससे विक्टर को अपनी ताकत दिखाने का बढ़ावा मिला। फिर उस शैतान बच्चे ने थॉमस को थप्पड़ मारा और उसे तब तक धक्का दिया जब तक वो ज़मीन पर गिर नहीं गया।

शैतान बच्चे हँसते-हँसते चले गए और थॉमस ने खुद को ज़मीन से उठाया। उसे कोहनी और घुटनों पे तो चोट आई ही थी, चहरे पर भी एक खरोंच थी।

बेचारा, घबराया हुआ और बहुत उदास है, इतना उदास की उसका रोना छूटने वाला है। वो नहीं चाहता कि लोग उसे छोटा बच्चा समझें, अपनी माँ का छोटा बच्चा... इसलिए वो खुद को संभालने की कोशिश करता है पर कर नहीं पता... उसके खरोंच वाला चेहरे पे आंसू आ ही गए।

"हमेशा मेरे साथ ही ऐसा क्यों होता है ?" थॉमस ने खुद से पूछा।

थॉमस जानता है की उसे जल्दी करनी चाहिए - आज उसका जन्मदिन है !

जैसे-जैसे वो घर के पास आने लगता है उसे चिंता होने लगती है कि वो अपने मम्मी-पापा से अपनी नई टोपी के बारे में क्या कहेगा जो उन्होंने उसे उसके जन्म दिन पर दी थी ।

जो कुछ हुआ उसे भूलना थॉमस के लिए आसान नहीं था । वो बार-बार मन में दौहराता रहा "मुझे विक्टर से नफरत है... मुझे विक्टर से नफरत है।" पर उसे यह राज़ ही रखना होगा ।

"तुम्हारी टोपी कहाँ गई, तुम्हारि सुन्दर टोपी ?" दरवाज़े पर खड़ी उसकी माँ ने पूछा । थॉमस ने रास्ते में आते हुए ही इसका जवाब सोच लिया था । उसने माँ से कहा "मुझे माफ़ करदो माँ, मुझसे टोपी खो गई ।

उसके पास आकर उसकी माँ ने उसके लाल और सूजे हुए चेहरे को देखा । उसके गाल पे खरोच भी थी । "पर थॉमस हुआ क्या ?" थॉमस का गला सूख गया । उसने जवाब दिया "मैं गिर गया था, और ज़मीन पे गिरने से ही चेहरे पर चोट लग गई ।

ड्राइंग रूम में उसने अपने दादा-दादी देखा। उसका चेहरा खिल उठा। वो उनसे बहुत दिनों बाद मिल रहा है।

दादाजी ने कहा "तुम्हें पता तो है कि हम तुम्हारा जन्मदिन नहीं भूल सकते हैं। ये दिन बहुत ख़ास है।" और उसकी दादीजी ने कहा "हम तुम्हारे लिए एक सुन्दर से डब्बे में एक प्यारासा उपहार भी लाए हैं। तुम उसे खाने के बाद खोलना... हमेशा की तरह।"

उसके हर जन्मदिन पे ऐसा ही होता था। पर कोई बात नहीं, जो कुछ हुआ उसके बाद थॉमस को प्यार की बहुत ज़रुरत है जो उसे अपने परिवार से मिल रहा है...

अरे वाह ! कितना सुन्दर केक है ! थॉमस तो ख़ुशी से सातवें आसमान पे पहुँच गया, क्यूंकि आज वो कोई भी इच्छा कर सकता है । अगर उसने एक ही बार में सारी मोमबत्तियां बुझादींतो उसे भरोसा है कि उसकी इच्छा ज़रूर पूरी होगी ।

वो अपनी इच्छा के बारे में सोचता है : वो और डराया-धमकाया जाना नहीं चाहता, वो चाहता है कि उसके सच्चे दोस्त बनें, जो उसके साथ खेलें और उसका अगला जन्मदिन उसके साथ मनाएं...

और उसने एक तूफ़ान सी तीज़ फूँक से सारी मोमबत्तियाँ बूझादीं !

और अब उपहार खोलने का समय आ ही गया !

डब्बे में थॉमस को एक सुन्दर खिलौना भालू दिख । वो बहुत खुश तो है, पर थोड़ा हैरान भी है... अब वो नौ साल का है...

उसकी दादीजी ने उसकी हैरत देखके कहा "हम चाहे कितने भी बड़े हो जाएँ, हमारे अंदर के छोटे बच्चे को कभी नहीं भूलना चाहिए । और मुझे यकीन है कि यह भालू, जिसका नाम सामी है, बेहद ख़ास है । तुम देखना !"

थॉमस ने मुस्कुराके अपने दादा-दादी को धन्यवाद दिया ।

रात आधी गुज़र चुकी है पर थॉमस सो नहीं पा रहा, वो परेशान है। क्यूंकि डराए-धमकाए जाने से बचने के लिए वो कोई हल नहीं निकाल पा रहा है। वो बहुत अकेला और उदास महसूस कर रहा है।

"कितना अच्छा होता अगर मेरा कोई दोस्त होता जिससे मैं अपने मन की बात कह पाता..." यही सोचके वो चुप-चाप रोने लगा क्यूंकि वो अपने मम्मी-पापा को जगाना नहीं चाहता है।

अचानक, उसे एक हलकी सी आवाज़ सुनाई दी !

हैरान, थॉमस ने सिर उठाया और अपने आस पास देखा। क्या उसने सच में कोई आवाज़ सुनी ? उसे एक पल के लिए शक हुआ, शायद वो बहुत थक गया है और उसे भ्रम हो रहा है।

अचानक, उसने भालू को जीवित होते हुए और थॉमस की तरफ देखते देखा। उस भालू ने सीधे उसकी आँखों में देखके कहा "क्या तुमने डब्बे के ऊपर लिखा लेबल पढ़ा ?"

उसने एक गहरी सांस ली और कहा - "उसपे लखिा है - मेरा नाम सामी है, और मैं तुम्हारा सबसे अच्छा दोस्त हूँ ! रो मत थॉमस, बताओ क्या हुआ।"

"क्या यह सच है ? तुम जादूई हो !", थॉमस ने कहा। "हाँ !" सामी बोला, "जब तुम जैसे किसी बच्चे को मदद की ज़रुरत होती है तो मैं जादुई बन जाता हूँ।"

थॉमस बहुत खुश है। जो-जो उसे स्कूल में सहना पड़ा - डर, डराना-धमकाना, पिटाई, मज़ाक और शैतानियाँ, जिनसे वो परेशान रहता है, उसने अपने नए दोस्त को बताया।

"ये सब अब और नहीं होना चाहिए !" सामी ने कहा। "इससे पहले कि ये समस्या हाथ से निकल जाए तुम्हें इसको हमेशा के लिए सुलझाना होगा... मुझे एक आईडिया आया !!!"

सामी की बात मान के थॉमस को हिम्मत करके प्रिंसिपल को सब बताना होगा, जिससे यह डराना धमकाना बंद हो। इसका समाधान है "अब और नहीं"।

इस आईडिये से थॉमस को जीवन को जीने का तरीका मिल गया। उसने सप्ताह के अंतिम दिन अपने नए दोस्त के साथ अनोखे तरीके से बिताए, जिसपे उसे पूरा भरोसा है।

पर रविवार शाम को उसका डर वापस आ गया। वो वापस स्कूल जाने से डर रहा है। जो बच्चे उसे परेशान कर रहे थे, उनके बारे में प्रिंसिपल को बताना उसके लिए आसान नहीं है। पर इस बार उसके साथ सामी है, उसे हिम्मत देने के लिए...

सामी अपने दोस्त को ऐसे ही नहीं छोड़ सकता है। उसने थॉमस के साथ स्कुल जाने का आईडिया दिया और कहा - "तुम मुझे अपने स्कूल बैग में डालके ले चलो, ताकि मैं तुम्हारे पास रहूँ और तुम्हारी हिम्मत बढ़ाऊँ।"

अच्छा आईडिया है... थॉमस को हिम्मत की बहुत ज़रूरत है... बड़ा दरवाज़ा पार करने से पहले ही उसके हाथ पैर सूजने लगे है और दिल ज़ोर से धड़कने लगा है।

"चलो...आगे चलो !!" सामी ने कहा।

ये सोचते हुए कि वो बात कहाँ से शुरू करे, थॉमस प्रिंसिपल के ऑफिस में घुसा।

उसे देख मिस्टर स्कॉट ने बहुत प्यार से कहा: "अरे थॉमस तुम यहाँ कैसे? क्या मैं तुम्हारी कोई मदद कर सकता हूँ ?"

थॉमस यही तो सुन्ना चाहता है। उसने मिस्टर स्कॉट को पिछले शुक्रवार, और उससे पहले भी कई बार होने वाली समस्याओं के बारे में बताय।

मिस्टर स्कॉट ने थॉमस को तसल्ली दी "हम इस समस्या को अभी सुलझाएंगे। मुझे यह बात बताके तुमने बहुत अच्छा किया। मुझे तुम्हारा सुझाव बहुत अच्छा लगा।"

विक्टर को अपने ऑफिस बुलाके प्रिंसिपल ने कहा: "थॉमस ने मुझे सब कुछ बता दिया है ! अपनी ये शैतानियाँ, डरना और धमकाना बंद करो... ऐसी हरकतों का परिणाम बहुत बुरा हो सकता है। "हाँ... मैं जनता हूँ..." विक्टर ने शर्मिंदा होते हुए कहा।

फिर प्रिंसिपल ने कहा - "मैं चाहता हूँ कि तुम एक वादा करो। तुम थॉमस को बास्केटबॉल सिखाओगे क्यूंकि तुम एक अच्छे कोच हो। इसके बदले में थॉमस तुम्हरी फ्रेंच और गणित में मदद करेगा। ये आईडिया थॉमस का ही है, जिसने मुझसे कहा कि मैं तुमसे ज़्यादा सख्ती से पेश न आऊँ।"

असल में ये आईडिया था जादुई भालू सामी का...

थॉमस कभी इतना खुश नहीं हुआ। उसे बास्केटबॉल खेलना बहुत अच्छा लगता है और उसे विक्टर एक बहुत अच्छा कोच भी लगता है। बदले में विक्टर फ्रेंच और गणित में बहुत तरक्की कर रहा है क्यूंकि थॉमस पूरी मेहनत से उसे पढ़ा रहा है।

तब से वो दोनों दोस्त बन गए हैं।

मुस्कुराते हुए विक्टर ने कहा: "थॉमस तुम कमाल हो ! और मेरे पास तुम्हारे लिए एक अच्छी खबर है !"

अपने दोस्त की जिज्ञासा बढ़ने के लिए उसने कुछ सेकंड इंतज़ार किया और कहा "हमारे एक खिलाड़ी ने टीम छोड़दी है और हमें उसकी जगह कोई और चाहिए।"

थॉमस ने ख़ुशी से पूछा "क्या तुम ये कहना चाहते हो कि मैं टीम का हिस्सा बनूँगा ?"

"तुम बहुत होशियार निकले। सब समझ गए..." विक्टर बोला।

थोड़े ही समय में थॉमस अपनी लगन से एक बहुत अच्छा खिलाड़ी बन गया है, उसके दोस्त, एक अच्छे कोच की वजह से ।

हर बार जब वो पॉइंट्स लेता, सारे लोग तालियाँ बजाते, ख़ास तौर से उसके मम्मी-पापा जिन्हें उसपे बहुत गर्व है ।

भीड़ में सामी भी है, जो थॉमस की तरफ मुस्कुरा रहा है ।

साल के अंत में, विक्टर को मेडम फ्लोरौंस से प्रशंसा पत्र भी मिला। फ्रेंच और गणित में सभी छत्रियों से सबसे ज़्यादा उसी ने प्रगति की है।

विक्टर और उसके मम्मी-पापा उसकी सफलता से बहुत खुश हैं।

असल में विक्टर अब बहुत बदल गया है। उसे समझ आ गई है कि जलन और ईर्षा से किए गए कामों से पछतावा ही होता है।

थॉमस ने उसे माफ़ कर दिया है। अब वो दोनों दुनिया के सबसे अच्छे दोस्त हैं।

थॉमस को अपना नौवाँ जन्मदिन हमेशा याद रहेगा, और उसके दिल में जादुई भालू सामी की हमेशा ही एक ख़ास जगह रहेगी, जो उसका भरोसेमंद दोस्त है ।

इस खिलौने भालू ने उसे डराने और धमकाने को रोकने की हिम्मत दी । अब थॉमस खुश है ।

पतझड़ में वो स्कुल जायेगा और इस बार ज़यादा उमंग और आत्मविश्वास के साथ, सच्चे दोस्तों से घिरा हुआ ।

कदम-दर-कदम सामी के साथ चलो...

उसके अगले अपूर्व अनुभवों पे !

www.ingramcontent.com/pod-product-compliance
Lightning Source LLC
LaVergne TN
LVHW070152230826
846093LV00002B/15

9782924526170